NOTE MINISTÉRIELLE

DU 7 AOUT 1897

PORTANT MODIFICATIONS

AUX

INSTRUCTIONS DES 16 NOVEMBRE 1887, 18 MARS 1889

10 OCTOBRE 1892 ET 8 AOUT 1895

SUR LE

SERVICE DE L'HABILLEMENT

ET RELATIVE A LA

LIQUIDATION DU COMPTE DE LA MASSE

D'HABILLEMENT ET D'ENTRETIEN

(Extrait du *Journal militaire*, 2ᵉ sem. 1897, nº 23.)

PARIS

LIBRAIRIE MILITAIRE DE L. BAUDOIN

IMPRIMEUR-ÉDITEUR

30, Rue et Passage Dauphine, 30

1897

NOTE MINISTÉRIELLE

DU 7 AOUT 1897

portant modifications aux dispositions des instructions des 16 novembre 1887-18 mars 1889, 10 octobre 1892 et 8 août 1895, relatives à la liquidation du compte de la masse d'habillement et d'entretien des corps de troupe et établissements considérés comme tels, et abrogeant la note ministérielle du 27 mai 1888 concernant le même objet.

(5ᵉ Dir. ; Services administratifs ; 4ᵉ Bureau, Habill., Campem.,
Lits milit. et Invalides.)

———————

Le Ministre de la guerre a décidé que les modifications ci-après seront apportées aux diverses instructions pour l'application des différents règlements sur le service de l'habillement dans les corps de troupe et établissements considérés comme tels.

1° Instruction du 16 novembre 1887-18 mars 1889 pour l'application du règlement de mêmes dates sur le service de l'habillement dans les corps de troupe.

ARTICLE 11 (*Nouvelle rédaction*).

« La liquidation du compte de la masse d'habillement et d'entretien s'opère comme celle du compte de la solde.

« Toutefois, à la fin de chaque trimestre, le moins-perçu est immédiatement mandaté au profit du corps, sur état spécial.

« Quant au trop-perçu, il est versé au Trésor.

« Mention du versement est faite à la suite de l'arrêté du tableau des prestations en deniers de la masse d'habillement et d'entretien.

« Il est également fait mention, mais dans la première partie du cadre « débit du corps », du mandat délivré pour moins-perçu.

« Les primes fixes sont justifiées en fin de trimestre par un état nominatif indiquant les mutations qui motivent ces allocations (modèle nᵒ V annexé au décret du 29 mai 1890).

« Cet état est joint, avec les feuilles de rectification et le bordereau récapitulatif modèle nᵒ 193, de la nomenclature des imprimés de la guerre, à l'un des deux tableaux, retirés des revues

1

générales de liquidation destinés au Ministre (5ᵉ Direction; 4ᵉ Bureau). »

2° Instruction du 10 octobre 1892 relative à l'application du règlement de même date sur le service de l'habillement dans les écoles militaires.

ARTICLE 7 (*Nouvelle rédaction*).

« La liquidation du compte de la masse d'habillement et d'entretien s'opère comme celle du compte de la solde.

« Toutefois, à la fin de chaque trimestre, le moins-perçu est immédiatement mandaté, au profit de l'école, sur état spécial.

« Quant au trop-perçu, il est versé au Trésor.

« Mention du versement est faite à la suite de l'arrêté de l'état de prestations en deniers de la masse d'habillement et d'entretien.

« Il est également fait mention, mais dans la première partie du cadre « débit de l'école », du mandat délivré pour moins-perçu.

« Les primes fixes sont justifiées en fin de trimestre par un état nominatif indiquant les mutations qui motivent ces allocations (modèle n° V annexé au décret du 29 mai 1890).

« Le nombre de journées pour lesquelles la portion de prime de la masse d'habillement et d'entretien doit être perçue, pour les subsistants dans les écoles militaires, ressort sur le certificat de subsistance (modèle n° 3) envoyé trimestriellement au corps d'origine.

« Le résultat de chacun de ces certificats est inscrit sur un bordereau (modèle n° 4).

« L'état des primes fixes, le bordereau (modèle n° 4), les feuilles de rectification et le bordereau récapitulatif modèle n° 193 de la nomenclature des imprimés de la guerre, sont annexés à l'un des deux tableaux retirés des revues générales de liquidation, destinés au Ministre (5ᵉ Direction; 4ᵉ Bureau). »

3° Instruction du 8 août 1895, relative à l'application du règlement de même date sur le service de l'habillement dans les ateliers de travaux publics et les pénitenciers militaires.

ARTICLE 4 (*Nouvelle rédaction*).

« La liquidation du compte de la masse d'habillement et d'entretien s'opère sur un fascicule spécial (modèle n° 2).

« Le fascicule est annexé à la revue trimestrielle de liquidation concernant les détenus.

« Le montant des déductions faites sur les états de payement des primes de la masse d'habillement et d'entretien pour remboursement de la valeur des effets reçus des magasins administratifs et de ceux reçus des corps de troupe, dans les conditions de l'article 9 de la présente instruction, est porté au débit de l'établissement, sur ce fascicule, dans les cadres y tracés à cet effet.

« A la fin de chaque trimestre, le moins-perçu que fait ressortir le tableau des prestations en deniers de la masse d'habillement et d'entretien de l'établissement, est immédiatement mandaté au profit de l'établissement, sur état spécial.

« Quant au trop-perçu, il est versé au Trésor. Mention de ce versement est faite à la suite de l'arrêté du tableau de prestations.

« Il est également fait mention, mais dans la première partie du cadre « débit de l'établissement », du mandat délivré pour moins-perçu.

« Les feuilles de rectification sont annexées à l'un des deux tableaux, retirés des revues de liquidation, destinés au Ministre (5e Direction, 4e Bureau). »

Dispositions générales.

Les rapports de liquidation concernant les prestations en deniers de la masse d'habillement et d'entretien (modèles nos 203 et 203 *bis* de la nomenclature des imprimés de la guerre), comme les états de liquidation modèle 206 A se rapportant à ces prestations, sont établis en double expédition. Ces deux expéditions sont adressées au Ministre (5e Direction, Bureau de l'habillement).

Une d'elles est accompagnée des tableaux de prestations, des états nominatifs relatifs aux primes fixes, des feuilles de rectification et des bordereaux récapitulatifs modèle n° 193.

L'autre est accompagnée seulement des deuxièmes expéditions des tableaux de prestations.

Sont remplacés :

1° Décret du 29 mai 1890, modèles spéciaux aux masses :

Modèle V, remplacé par le modèle A ci-joint ;

2° Nomenclature des imprimés de la guerre :

Le modèle B ci-joint remplace le modèle n° 46 A ;

—	C	—	—	46 *ter* A ;
—	D	—	—	47 A ;
—	E	—	—	203 ;
—	F	—	—	203 *bis*.

Est abrogée :

La note ministérielle du 27 mai 1888 relative à la liquidation préparatoire des prestations en deniers de la masse d'habillement et d'entretien.

Les dispositions contenues dans la présente note seront appliquées, pour la première fois, aux opérations afférentes au 3e trimestre 1897.

MODÈLE Nᵒ V.

ᵒ CORPS D'ARMÉE.

MODÈLE Nᵒ V.

Place d

Format: 0ᵐ,315 sur 0ᵐ,210

ᵒ TRIMESTRE 189 .

Désigner { le { corps. {

MASSE D'HABILLEMENT ET D'ENTRETIEN.

ÉTAT faisant ressortir les primes fixes acquises au corps pendant le ᵉ trimestre 189 .

DÉSIGNATION des compagnies, escadrons ou batteries.	numéros matricules.	NOMS.	GRADES OU EMPLOIS.	Mutations justifiant les droits à la perception des primes fixes.	PRIMES FIXES. NOMBRE DE MILITAIRES ayant eu droit aux primes fixes. 1ᵒ Sous-officiers promus officiers sans avoir suivi les cours d'une école militaire d'élèves-officiers ou nommés à l'un des emplois indiqués au tarif nᵒ 22 du décret du 27 décembre 1890 ; 2ᵒ Brigadiers, caporaux et soldats rengagés ou commissionnés nommés à l'un des emplois indiqués au tarif susvisé.		Militaires de tous grades (adjudants, chefs armuriers et maîtres selliers exceptés) admis à la retraite ou réformés par congé nᵒ 1.		NOMBRE de sous-officiers nommés élèves-officiers dans les écoles militaires et pour lesquels est due la prime fixe de	OBSERVATIONS.
					à pied 25 fr.	à cheval 30 fr.	à pied 25 fr.	à cheval 30 fr.		
		Totaux....								

RÉPARTITION, entre les unités administratives, des primes fixes ressortant sur l'état d'autre part.

DÉSIGNATION des COMPAGNIES, escadrons ou batteries.	NOMBRE DE PRIMES FIXES acquises A CHAQUE UNITÉ ADMINISTRATIVE.				TOTAL par UNITÉ administrative.	OBSERVATIONS.
	à 25 fr.	à 30 fr.	à	à		
TOTAUX....						

CERTIFIÉ par nous, trésorier du corps, le présent état s'élevant à la somme de

A , le 189 .

VÉRIFIÉ :
Le Major,

VÉRIFIÉ :
Le Sous-Intendant militaire,

MINISTÈRE
DE LA GUERRE.

° CORPS D'ARMÉE,

—

DÉPARTEMENT

d

ou

ARMÉE d

—

° TRIMESTRE:

Pièces à l'appui.

—

Bordereau récapitulatif,
modèle n° 193 . . . .
État des primes fixes. .
Feuillé de rectification.

—

TOTAL. . . . .

Indiquer ci-contre les
causes qui ont amené à
effectuer une réduction sur
la prime mensuelle normale
ou qui ont motivé la per-
ception de supplément à
ladite prime.

RÉPUBLIQUE FRANÇAISE.

————

**Prestations en deniers du service
de l'habillement.**

————

EXERCICE 189 .

————

CHAPITRE , ARTICLE , ° PARTIE DU BUDGET ORDINAIRE.
1ʳᵉ SECTION. — SERVICE ORDINAIRE.

————

Arme :

————

Corps :

————

*TABLEAU donnant le crédit et le débit de la
masse d'habillement et d'entretien, d'après la
revue trimestrielle de liquidation concernant
le service de la solde.*

N° 46 A
de la Nomenclature.

MODÈLE B.

—

Art. 44 du Règlement
sur le service
de l'habillement.

CRÉDIT DU CORPS.

§ 1er. — FONDS COMMUN DU CORPS.

	NOMBRE DE JOURNÉES ayant donné droit à la prime journalière pendant le trimestre que le présent tableau concerne.	NOMBRE DE JOURNÉES (1) à ajouter pour rectification d'erreurs commises dans le ou les trimestres précédents.	ENSEMBLE.	NOMBRE DE JOURNÉES (1) à déduire pour rectification d'erreurs commises dans le ou les trimestres précédents.	RESTE.	DÉCOMPTES.	A AJOUTER (2) pour RECTIFICATIONS d'erreurs commises dans le décompte du ou des trimestres précédents.	ENSEMBLE.	A DÉDUIRE (2) pour RECTIFICATIONS d'erreurs commises dans le décompte du ou des trimestres précédents.	RESTE.	TOTAL par NATURE d'allocation.
1° Prime journalière à 0 fr. 01. { Armée active.........											
Réserve de l'armée active.											
Armée territoriale.......											
2° Prime mensuelle .... Mois											
3° Supplément de prime mensuelle											

§ 2. — FONDS PARTICULIERS DES UNITÉS ADMINISTRATIVES.

ARMÉE ACTIVE.

INDICATIONS DIVERSES.	DÉSIGNATION des bataillons.	DÉSIGNATION des compagnies, escadrons ou batteries.	Primes journalières. Sous-officiers, caporaux ou brigadiers et soldats. 0 fr. 173.	0 fr. 23.	0 fr. 24.	0 fr. 30.	0 fr. 30.	0 fr. 31.	Nombre de journées pour lesquelles la portion de la prime journalière d'entretien est due au corps pour les militaires en subsistance dans les écoles militaires. A pied. 0 fr. 62.	0 fr. 05.	0 fr. 13.	0 fr. 15.	A cheval. 0 fr. 07.	0 fr. 08.	0 fr. 18.	0 fr. 18.	0 fr. 20.	Supplément journalier de 0 fr. 06 aux troupes faisant partie des groupes alpins.
1	2	3	4	5	6	7	8	9	10	11	12	13	14	15	16	17	18	19
Totaux................																		
(1) Nombre de journées à ajouter ou à déduire p' rectification d'erreurs commises dans le ou les trimestres précédents. { A ajouter..																		
Ensemble.																		
A déduire.																		
Reste																		
Décomptes partiels.																		
(2) Pour rectification d'erreurs commises dans le décompte du ou des trimestres précédents { A ajouter..																		
Ensemble.																		
A déduire.																		
Reste................																		
Totaux généraux.......																		
Crédit du corps. (A reporter)..........																		

(suite) — PRIMES FIXES.

	Nombre de militaires ayant eu droit aux primes fixes. 1° Sous-officiers promus officiers sans avoir suivi les cours d'une école militaire d'élèves-officiers ou nommés à l'un des emplois indiqués au tarif n° 22 du décret du 27 décembre 1890 ; 3° Brigadiers, caporaux et soldats rengagés ou commissionnés nommés à l'un des emplois indiqués au tarif susvisé : A pied. 25 francs.	A cheval. 30 francs.	A pied. 25 francs.	A cheval. 30 francs.	Militaires de tous grades (adjudants, chefs armuriers et maîtres selliers exceptés) admis à la retraite ou réformés par congé n° 1. de 38 fr.	de 140 fr.	de 164 fr.	Nombre du sous-officiers nommés élèves-officiers dans les écoles militaires pour lesquels est due la prime fixe. 0 fr. 22.	0 fr. 24.	0 fr. 12.	0 fr. 30.	31.
	20	21	22	23	24	25	26	27	28	29	30	31

RÉSERVE DE L'ARMÉE ACTIVE. / ARMÉE TERRITORIALE.

	RÉSERVE DE L'ARMÉE ACTIVE. Primes journalières. Sous-officiers, caporaux ou brigadiers et soldats.	Supplément journalier de 0 fr. 06 aux troupes faisant partie des groupes alpins.	ARMÉE TERRITORIALE. Primes journalières. Sous-officiers, caporaux ou brigadiers et soldats. 0 fr. 23.	0 fr. 24.	0 fr. 29.	0 fr. 30.	0 fr. 31.	Supplément journalier de 0 fr. 06 aux troupes faisant partie des groupes alpins.
		32	33	34	35	36	37	38

(1) Erreurs affectant à la fois le nombre des journées et le décompte.

(2) Erreurs n'affectant que le décompte.

1.

Crédit du corps (somme à inscrire dans la colonne 97 du rapport de
liquidation . . . .

DÉBIT DU CORPS.
1° MANDATS DÉLIVRÉS.

NUMÉROS DES MANDATS.	DATES DES MANDATS.	DÉPARTEMENTS sur la caisse desquels les PAYEMENTS ont été assignés.	MONTANT DES MANDATS DÉLIVRÉS		TOTAL.
			dans la circonscription administrative.	dans d'autres circonscriptions administratives.	
		Totaux des mandats délivrés			

2° DÉDUCTIONS FAITES SUR LE MONTANT DES ÉTATS DE PAYE-
MENT POUR VALEUR DES EFFETS REÇUS DES APPROVISIONNE-
MENTS DE L'ÉTAT.

DATES DES FACTURES.	DÉSIGNATION DU MAGASIN LIVRANCIER. (Magasin administratif ou réserve de guerre des corps de troupe.)	MONTANT de CHAQUE DÉDUCTION.
	TOTAL des déductions	

(1) Moins *ou* trop.
(2) Membres du conseil d'administration *ou* officier commandant.
(3) Désigner les grades des signataires.

MONTANT TOTAL du débit du corps, ...

Le crédit du corps étant de . . . .

Il ressort un (1)   perçu de . . . . . .

CERTIFIÉ par nous (2)   le présent tableau,
duquel il résulte qu'il a été perçu en (1)
par le corps la somme de
au titre de la masse d'habillement et d'entretien pendant le   e trimestre 189 .

A   , le   189 .

VU ET VÉRIFIÉ :   (3)
Le Sous-Intendant militaire,

MINISTÈRE
DE LA GUERRE.

ᵒ CORPS D'ARMÉE.
—
DÉPARTEMENT
d
—
PLACE d
—
ᵃ trimestre 189 .

PIÈCES A L'APPUI :
—
Feuille de rectification.

N° 46 *ter* A
de la Nomenclature.

MODÈLE G.
—
Art. 4 de l'Instruction
du 8 août 1895.

RÉPUBLIQUE FRANÇAISE.

PRESTATIONS EN DENIERS
DU SERVICE DE L'HABILLEMENT.

EXERCICE 189 .

CHAPITRE , ARTICLE DU BUDGET.

Désigner
l'établissement.

TABLEAU

des prestations en deniers de la masse d'habillement et d'entretien.

CRÉDIT DE L'ÉTABLISSEMENT.

DÉSIGNATION DES PARTIES PRENANTES ET DES ALLOCATIONS.	NOMBRE de JOURNÉES.	FIXATION par JOURNÉE.	MONTANT du DÉCOMPTE.
Détenus. { Prime journalière d'entretien...			
Montant du crédit de l'établissement............			
Augmentations.. { Rectification d'erreurs.....................			
....			
....			
Total.............................			
Diminutions... { Rectification d'erreurs...................			
....			
....			
Partant, le crédit définitif de l'établissement est de..........			

DÉBIT DE L'ÉTABLISSEMENT,

§ 1er. — MANDATS ORDONNANCÉS AU PROFIT DE L'ÉTABLISSEMENT.

NUMÉROS des mandats.	DATES des mandats.	NOMS des ordonnateurs secondaires signataires des mandats.	DÉPARTEMENTS où les payements ont été effectués.	MONTANT de chaque mandat.	MONTANT du débit de l'établissement.	OBSERVATIONS.

§ 2. — *Déductions faites sur le montant des états de payement pour valeur des effets reçus des magasins administratifs.*

DÉSIGNATION des établissements.	DATES des expéditions.	MONTANT de chaque déduction.	TOTAL des déductions.

§ 3. — *Valeur des effets reçus des corps de troupe ou établissements et dont le montant leur a été remboursé sur les fonds du budget de l'habillement sur état modèle n° 1 bis du décret du 14 janvier 1889.*

DÉSIGNATION DES CORPS ou établissements.	DATES des expéditions.	MONTANT de chaque facture de livraison.	TOTAL des factures de livraison.

TOTAL................

Le crédit définitif de l'établissement étant de......

Il reste un (1)   perçu de.......

(1) Moins *ou* trop.

Certifié par nous, Membres du Conseil d'administration, le présent tableau, duquel il résulte qu'il a été perçu en (1)   par l'établissement la somme de   au titre de la masse d'habillement et d'entretien pendant le   ᵉ trimestre 189 .

A   , le   189 .

Vérifié :

Le Sous-Intendant militaire,

(1) Moins ou trop.

MINISTÈRE
DE LA GUERRE.

————————

° CORPS D'ARMÉE.

—

DÉPARTEMENT

d

—

PLACE d

° trimestre 189 .

PIÈCES A L'APPUI :

—

Bordereau modèle n° 4.
Bordereau récapitulatif,
  modèle n° 193.....
État des primes fixes.
Feuille de rectification.

TOTAL....

Désigner {
l'école }
militaire. {

RÉPUBLIQUE FRANÇAISE.

————

MODÈLE D.

————

N° 47 A
de la Nomenclature.

—

Art. 7 de l'instruction
du 10 octobre 1892
sur le service de l'ha-
billement dans les
écoles militaires.

PRESTATIONS EN DENIERS
DU SERVICE DE L'HABILLEMENT.

————

EXERCICE 189 .

————

CHAPITRE , ARTICLE DU BUDGET.

————

TABLEAU

des prestations en deniers de la masse d'habillement et d'entretien.

CRÉDIT DE L'ÉCOLE.

DÉSIGNATION des parties prenantes et des allocations.	NOMBRE de journées.	NOMBRE de primes fixes ou de premières mises.	FIXATION par journée.	FIXATION par prime fixe ou par première mise.	DÉCOMPTE en deniers des journées.	DÉCOMPTE en deniers des primes fixes ou des premières mises.	TOTAL du décompte par nature d'allocation.	TOTAL GÉNÉRAL du décompte par paragraphe.
§ 1er. — Allocation annuelle fixe.....								
Prime journalière d'entretien.....								
§ 2. — Primes fixes : pour dépenses de tenue de ville des sous-officiers contractant un premier rengagement à l'école ou pour le premier remplacement de la même tenue apportée par les sous-officiers rengagés venus des corps de troupe.								
pour sous-officiers promus officiers sans avoir suivi les cours d'une école militaire d'élèves-officiers ou nommés à l'un des emplois indiqués au tarif n° 22 du décret du 27 décembre 1890.......								
pour militaires de tous grades (excepté les sous-officiers désignés à l'article 1er du règlement du 10 octobre 1892) admis à la retraite ou réformés par congé n° 4...								
§ 3. — Élèves : Primes fixes pour effets de grande tenue (habillement et képi) délivrés aux sous-officiers élèves-offic.								
Premières mises : à pied............								
à cheval............								
Prime journalière d'entretien.....								
§ 4. — Agents secondaires : Premières mises.......								
Prime journre d'entretien.								
DROITS acquis pendant le trimestre..........								
Nombre de journées de subsistance pour lesquelles la portion de la prime journalière d'entretien est due à l'école (Bordereau modèle n° 4 ci-annexé)...... : à pied...								
à cheval.								
TOTAL formant le crédit de l'École..........								
Augmentations.......... { Rectifications d'erreurs......................								
TOTAL......................								
Diminutions.......... { Rectifications d'erreurs......................								
Partant, le crédit définitif de l'école est de......................								

DÉBIT DE L'ÉCOLE.
1° Mandats délivrés.

DÉPARTEMENTS où les payements ont été effectués.	NOMS des ordonnateurs secondaires signataires des mandats.	DATE de chaque MANDAT.	NUMÉROS des MANDATS.	MONTANT de chaque MANDAT.	MONTANT TOTAL des mandats par département.	TOTAL.

2° *Déductions faites sur le montant des états de payement pour valeur des effets reçus des approvisionnements de l'Etat.*

DATES des FACTURES.	DÉSIGNATION du MAGASIN LIVRANCIER.	MONTANT de CHAQUE DÉDUCTION.

MONTANT du débit de l'École........................

Le crédit définitif de l'École étant de........................

Il ressort un (1) perçu de........................

(1) Moins ou trop.

CERTIFIÉ par nous, Membres du Conseil d'administration, le présent tableau, duquel il résulte qu'il a été perçu en (1)   par l'école la somme de   au titre de la masse d'habillement et d'entretien pendant le   ᵉ trimestre 189 .

A   , le   189 .

VÉRIFIÉ :

Le Sous-Intendant militaire,

(1) Moins *ou* trop.

MODÈLE E.
—
N° 203
de la Nomenclature.

Enregistré à la Direction
du contrôle, sous le n°

MINISTÈRE
DE LA GUERRE.

5° DIRECTION.
—
SERVICES ADMINISTRATIFS.
—
4° BUREAU.

HABILLEMENT, CAMPEMENT,
LITS
MILITAIRES ET INVALIDES.

Dates :
De l'arrivée au bureau de
l'habillement, le   189 ;
De la remise à la direction
du contrôle, le   189 ;
Du renvoi au bureau de
l'habillement, le   189 .

Pièces à l'appui :
Tableaux détachés des re-
vues générales de liquidation.

RÉPUBLIQUE FRANÇAISE.
—

CORPS DE TROUPE.
—

RAPPORT DE LIQUIDATION.

EXERCICE 189 .

° TRIMESTRE.

GOUVERNEMENT MILITAIRE d

° CORPS D'ARMÉE.

° RÉGION.

° DIVISION.

SERVICE DE L'HABILLEMENT ET DU CAMPEMENT.

PRESTATIONS EN DENIERS.

CHAPITRE   , ARTICLE   , ° PARTIE DU BUDGET (1ʳᵉ SECTION.—SERVICE ORDINAIRE).

MONTANT des TABLEAUX détachés des revues générales de liquidation.	SOMMES DONT L'ADMISSION en liquidation est prononcée		
	par le directeur de l'intendance.	par le bureau liquidateur.	par le bureau du contentieux.

NOTA. — Le présent rapport est établi trimestriellement; il doit comprendre l'ensemble des écoles de la circonscription administrative.

Les chiffres à y inscrire sont donnés par les tableaux détachés des revues générales de liquidation.

Il est produit en double expédition.

Une de ces expéditions est accompagnée des états de liquidation, des tableaux de prestations, des états nominatifs relatifs aux primes fixes, des feuilles de rectification et des bordereaux récapitulatifs modèle n° 193.

L'autre est accompagnée seulement des états de liquidation et des tableaux de prestations.

Après examen, l'Intendant directeur de l'Intendance liquide ainsi qu'il suit les dépenses comprises dans les tableaux détachés des revues générales de liquidation ci-joints, produits par divers.

ARMÉE ACTIVE (Crédit).

A L'INTÉRIEUR.

Column groups (left page):

- **1.** DÉSIGNATION des CORPS DE TROUPE.
- **FONDS COMMUN.**
  - **2.** Nombre de journées ayant donné droit à la prime journalière de 0 fr. 01.
  - **3.** Montant des primes mensuelles et de leurs suppléments.
- **FONDS PARTICULIERS.**
  - Nombre de journées ayant donné droit à la prime journalière de :
    - **4.** 0 fr. 22
    - **5.** 0 fr. 24
    - **6.** 0 fr. 25
    - **7.** 0 fr. 30
    - **8.** 0 fr. 31
  - Nombre de journées pour lesquelles la portion de la prime journalière d'entretien est due aux corps de troupe pour les militaires en subsistance dans les écoles militaires.
    - A pied. — **9. 10. 11. 12.**
    - A cheval. — **13. 14. 15. 16. 17. 18.**
  - **19.** Supplément journalier de 0 fr. 06 aux troupes alpines faisant partie des groupes alpins.
  - Nombre de militaires aux primes. 1° Sous-officiers promus officiers sans avoir suivi les cours d'une école militaire d'élèves-officiers ou nommés à l'un des emplois indiqués au tarif n° 22 du décret du 27 décembre 1890 ; 2° brigadiers, caporaux et soldats rengagés ou commissionnés nommés à l'un des emplois indiqués au tarif susvisé.
    - A pied 25 fr. — **20.**
    - A cheval 30 fr. — **21.**

DÉSIGNATION des CORPS DE TROUPE.	2	3	4	5	6	7	8	9	10	11	12	13	14	15	16	17	18	19	20	21
1																				
Nombre de journées ou de parties prenantes.																				
Décomptes.																				
Totaux partiels.																				
Totaux généraux.																				

EN ALGÉRIE.

Column groups (right page):

- **PRIMES FIXES** ayant eu droit fixes.
  - Militaires de tous grades (adjudants, chefs armuriers et maîtres selliers exceptés) admis à la retraite ou réformés par congé n° 1.
    - A pied 25 fr. — **22.**
    - A cheval 30 fr. — **23.**
  - Nombre de sous-officiers nommés élèves-officiers dans les écoles militaires et pour lesquels est due la prime fixe de :
    - **24.** 98 fr.
    - **25.** 120 fr.
    - **26.** 164 fr.
- **FONDS COMMUN.**
  - **27.** Nombre de journées ayant donné droit à la prime journalière de 0 fr. 01.
  - **28.** Montant des primes mensuelles et de leurs suppléments.
- **FONDS PARTICULIERS.**
  - Nombre de journées ayant donné droit à la prime journalière de :
    - **29.** 0 fr. 175
    - **30.** 0 fr. 22
    - **31.** 0 fr. 24
    - **32.** 0 fr. 25
    - **33.** 0 fr. 30
    - **34.** 0 fr. 31
  - Nombre de journées pour lesquelles la portion de la prime journalière d'entretien est due aux corps de troupe pour les militaires en subsistance dans les écoles militaires.
    - A pied. — **35. 36.**
    - A cheval. — **37. 38.**

	22	23	24	25	26	27	28	29	30	31	32	33	34	35	36	37	38
Nombre de journées ou de parties prenantes.																	
Décomptes.																	
Totaux partiels.																	
Totaux généraux.																	

ARMÉE ACTIVE (Crédit).

EN ALGÉRIE.

PRIMES FIXES.

Nombre de militaires ayant ou droit aux primes fixes.

- 1° Sous-officiers promus officiers sans avoir suivi les cours d'une école militaire d'élèves-officiers ou nommés à l'un des emplois indiqués au tarif n° 22 du décret du 27 décembre 1890; 2° brigadiers, caporaux et soldats rengagés ou commissionnés nommés à l'un des emplois indiqués au tarif susvisé.
- Militaires de tous grades (adjudants, chefs armuriers et maîtres selliers exceptés) admis à la retraite ou réformés par congé n° 1.
- Nombre de sous-officiers nommés élèves-officiers dans les écoles militaires et pour lesquels est due la prime fixe de :

FONDS COMMUN.

- Nombre de journées ayant donné droit à la prime journalière de 0 fr. 01.
- Montant des Primes mensuelles et de leurs suppléments.

FONDS PARTICULIERS.

- Nombre de journées ayant donné droit à la prime journalière de :
- Nombre de journées pour lesquelles la portion de la prime journalière d'entretien est due aux corps de troupe pour les militaires en subsistance dans les écoles militaires.

A pied 25 fr.	A cheval 30 fr.	A pied 25 fr.	A cheval 30 fr.	38 fr.	130 fr.	164 fr.			0 fr. 175.	0 fr. 23.	0 fr. 54.	0 fr. 29.	0 fr. 30.	0 fr. 31.	A pied.	A cheval.		
39	40	41	42	43	44	45	46	47	48	49	50	51	52	53	54	55	56	57

EN TUNISIE.

RÉSERVE DE L'ARMÉE ACTIVE. (Crédit.)

TUNISIE.

PRIMES FIXES.

Nombre de militaires ayant ou droit aux primes fixes.

- 1° Sous-officiers promus officiers sans avoir suivi les cours d'une école militaire d'élèves-officiers ou nommés à l'un des emplois indiqués au tarif n° 22 du décret du 27 décembre 1890; 2° brigadiers, caporaux et soldats rengagés ou commissionnés nommés à l'un des emplois indiqués au tarif susvisé.
- Militaires de tous grades (adjudants, chefs armuriers et maîtres selliers exceptés) admis à la retraite ou réformés par congé n° 1.
- Nombre de sous-officiers nommés élèves-officiers dans les écoles militaires et pour lesquels est due la prime fixe de :

FONDS COMMUN.

- Nombre de journées ayant donné droit à la prime journalière de 0 fr. 01.

À L'INTÉRIEUR.

Fonds particuliers.

- Nombre de journées ayant donné droit à la prime de :
- Supplément journalier de 0 fr. 06 aux troupes faisant partie des groupes alpins.

A pied 25 fr.	A cheval 30 fr.	A pied 25 fr.	A cheval 30 fr.	38 fr.	130 fr.	164 fr.		0 fr. 23.	0 fr. 24.	0 fr. 29.	0 fr. 30.	0 fr. 31.	
58	59	60	61	62	63	64	65	66	67	68	69	70	71

RÉSERVE DE L'ARMÉE ACTIVE (Crédit). — ARMÉE TERRITORIALE (Crédit).

Colonne	Rubrique
	RÉSERVE DE L'ARMÉE ACTIVE (Crédit). — EN AFRIQUE.
73	FONDS COMMUN. Nombre de journées ayant donné droit à la prime journalière de 0 fr. 01.
74	FONDS PARTICULIERS. Nombre de journées ayant donné droit à la prime de : 0 fr. 23.
75	0 fr. 24.
76	0 fr. 30.
77	0 fr. 31.
	ARMÉE TERRITORIALE (Crédit). — A L'INTÉRIEUR.
78	FONDS COMMUN. Nombre de journées ayant donné droit à la prime journalière de 0 fr. 01.
79	FONDS PARTICULIERS. Nombre de journées ayant donné droit à la prime de : 0 fr. 23.
80	0 fr. 24.
81	0 fr. 29.
82	0 fr. 30.
83	0 fr. 31.
84	Supplément journalier de 0 fr. 03 aux troupes faisant partie des groupes alpins.
	ARMÉE TERRITORIALE (Crédit). — EN AFRIQUE.
85	FONDS COMMUN. Nombre de journées ayant donné droit à la prime journalière de 0 fr. 01.
86	FONDS PARTICULIERS. Nombre de journées ayant donné droit à la prime de : 0 fr. 33.
87	0 fr. 34.
88	0 fr. 39.
89	0 fr. 30.
90	0 fr. 31.

CRÉDIT. — DÉBIT. — DIFFÉRENCE.

Colonne	Rubrique
	CRÉDIT
91	PÉNITENCIERS MILITAIRES. Nombre de journées ayant donné droit à la prime de : Intérieur. 0 fr. 11.
92	PÉNITENCIERS MILITAIRES. Afrique. 0 fr. 14.
93	ATELIERS de travaux publics. Nombre de journées ayant donné droit à la prime de 0 fr. 14.
94	DROITS ACQUIS pendant le trimestre. à l'intérieur.
95	DROITS ACQUIS pendant le trimestre. en Algérie.
96	DROITS ACQUIS pendant le trimestre. en Tunisie.
97	MONTANT du crédit de chaque corps ou établissement. Total des colonnes 94, 95 et 96. — Sommes à admettre en liquidation.
	DÉBIT
98	SOMMES ordonnancées suivant le détail des mandats portés sur le tableau en double expédition détaché des revues générales de liquidation. à l'intérieur.
99	en Algérie.
100	en Tunisie.
101	SOMMES DÉDUITES DES ÉTATS DE PAYEMENT des primes de la masse d'habillement, pour valeur des effets reçus des magasins administratifs et des approvisionnements de l'État dont le corps a la gestion.
102	TOTAL des colonnes 98, 99, 100 et 101.
	DIFFÉRENCE
103	à ordonnancer par le Ministre.
104	à reverser au Trésor par les corps ou établissement.
105	Observations et conclusions du directeur de l'intendance.

VÉRIFICATION MINISTÉRIELLE.

Examen des propositions du bureau de l'habillement et du campement.

Le Directeur de l'Intendance a admis la dépense totale pour la somme de...
Le bureau de l'habillement et du campement propose de la liquider à...

DIFFÉRENCE en ....

EXPLICATION SOMMAIRE DE CETTE DIFFÉRENCE.

	RÉ-DUCTIONS.	AUGMENTA-TIONS.
TOTAUX............		

DIFFÉRENCE finale comme d'autre part, compensation faite de l ....

En conséquence, le bureau de l'habillement et du campement propose d'arrêter l présent rapport à la somme de

Paris, le   189 .

Le Chef du bureau,

Vu :

Le Sous-Intendant militaire de   ᵉ classe,
Sous-Directeur,

RÉSULTAT DE LA REVISION OPÉRÉE PAR LE BUREAU DU CONTENTIEUX.	DÉCISION DU MINISTRE.
Vu : *Le Chef du bureau,* *L'Adjoint au Directeur,*	

<table>
<tr>
<td>

MINISTÈRE
DE LA GUERRE.

5ᵉ DIRECTION.

SERVICES ADMINISTRATIFS.

4ᵉ BUREAU.

HABILLEMENT, CAMPEMENT,
LITS
MILITAIRES ET INVALIDES.

Dates :
De l'arrivée au bureau de
l'habillement, le   189 ;
De la remise à la direction
du contrôle, le   189 ;
Du renvoi au bureau de
l'habillement, le   189 .

Pièces à l'appui :
Tableaux détachés des revues générales de liquidation.

</td>
<td>

RÉPUBLIQUE FRANÇAISE.

ÉCOLES MILITAIRES.

RAPPORT DE LIQUIDATION.

EXERCICE 189 .

ᵉ TRIMESTRE.

GOUVERNEMENT MILITAIRE d

ᵉ CORPS D'ARMÉE.

ᵉ RÉGION.

</td>
<td>

MODÈLE F.

N° 203 *bis*
de la Nomenclature.

Enregistré à la Direction
du contrôle, sous le n°

</td>
</tr>
</table>

SERVICE DE L'HABILLEMENT ET DU CAMPEMENT.

PRESTATIONS EN DENIERS.

CHAPITRE   , ARTICLE   , ᵉ PARTIE DU BUDGET (1ʳᵉ SECTION. — SERVICE ORDINAIRE).

MONTANT des TABLEAUX détachés des revues générales de liquidation.	SOMMES DONT L'ADMISSION en liquidation est prononcée		
	par le directeur de l'intendance.	par le bureau liquidateur.	par le bureau du contentieux.

NOTA. — Le présent rapport est établi trimestriellement; il doit comprendre l'ensemble des écoles de la circonscription administrative.

Les chiffres à y inscrire sont donnés par les tableaux détachés des revues générales de liquidation.

Il est produit en double expédition.

Une de ces expéditions est accompagnée des états de liquidation, des tableaux de prestations, des bordereaux modèle n° 4, des états nominatifs relatifs aux primes fixes, des feuilles de rectification et des bordereaux récapitulatifs modèle n° 193.

L'autre est accompagnée seulement des états de liquidation et des tableaux de prestations.

Après examen, l'Intendant directeur de l'Intendance liquide ainsi qu'il suit les dépenses comprises dans les tableaux détachés des revues générales de liquidation ci-joints produits par divers.

CRÉDIT.

DÉSIGNATION DES ÉCOLES.	§ 2. — MILITAIRES DU CADRE.										§ 3. — ÉLÈVES.											
	1er. — ALLOCATION ANNUELLE FIXE.	PRIME journalière d'entretien.					pour dépense de la tenue de ville des sous-officiers contractant un premier rengagement à l'école ou pour le premier remplacement de ladite tenue apportée par des sous-officiers rengagés venus des corps de troupe.	pour sous-officiers promus officiers sans avoir suivi les cours d'une école militaire d'élèves-officiers ou nommés à l'un des emplois indiqués au tarif no 22 du décret du 27 décembre 1890.	pour militaires de tous grades (excepté les sous-officiers désignés à l'article 1er du règlement du 10 octobre 1892) admis à la retraite ou réformés par congé no 1.	PRIMES FIXES pour effets de grande tenue (habillement et képi) délivrés aux sous-officiers élèves-officiers.	PREMIÈRE MISE pour élève admis					PRIME JOURNALIÈRE D'ENTRETIEN						
		à 0 fr. 24.	à 0 fr. 26.	à 0 fr. 28.	à 0 fr. 30.	à 0 fr. 31.					à pied				à cheval à							
											à	à	à	à		à 0 fr. 10.	à 0 fr. 12.	à 0 fr. 13.	à 0 fr. 14.	à 0 fr. 25.	à 0 fr. 27.	à 0 fr. 32.
1	2	3	4	5	6	7	8	9	10	11	12	13	14	15	16	17	18	19	20	21	22	23
Nombre de journées ou de parties prenantes..																						
Décomptes........																						
TOTAUX PARTIELS.																						
TOTAUX GÉNÉRAUX.																						

CRÉDIT (Suite).

§ 4. AGENTS SECONDAIRES.		DROITS ACQUIS par les écoles pendant le trimestre.	NOMBRE DE JOURNÉES DE SUBSISTANCE pour lesquelles la portion de la prime journalière d'entretien est due à l'école.				MONTANT du crédit de chaque école.
PREMIÈRE mise par agent admis :	PRIME journalière d'entretien :		Militaires à pied		Militaires à cheval		TOTAL des colonnes 26, 27, 28, 29 et 30.
			à	à	à	à	SOMME à admettre en liquidation.
50 francs.	0 fr. 18.		0 fr. 09.	0 fr. 10.	0 fr. 11.	0 fr. 23.	
24	25	26	27	28	29	30	31

DÉBIT.			DIFFÉRENCE		OBSERVATIONS ET CONCLUSIONS
SOMMES ordonnancées suivant le détail porté sur le tableau en double expédition détaché des revues générales de liquidation.	SOMMES déduites DES ÉTATS de payement des primes de la masse d'habillement, soit pour valeur des effets reçus des magasins administratifs, soit pour effets livrés par les entrepreneurs, en vertu de marché, et dont la valeur a été ordonnancée par le sous-intendant militaire.	TOTAL des colonnes 32 et 33.	à ordonnancer par le Ministre.	à reverser au Trésor par les écoles.	du DIRECTEUR DE L'INTENDANCE.
32	33	34	35	36	37

VÉRIFICATION MINISTÉRIELLE.

Examen des propositions du bureau de l'habillement et du campement.

Le Directeur de l'Intendance a admis la dépense totale pour la
 somme de..
Le bureau de l'habillement et du campement propose de la
 liquider à..

DIFFÉRENCE en   ....

EXPLICATION SOMMAIRE DE CETTE DIFFÉRENCE.

	RÉ-DUCTIONS.	AUGMENTA-TIONS.
TOTAUX...............		

DIFFÉRENCE finale
 compensation faite de 1   comme d'autre part,
 ....

En conséquence, le bureau de l'habillement et du campement propose d'arrêter le
présent rapport à la somme de

Paris, le   189 .

Le Chef de bureau,

VU :
 Le Sous-Intendant militaire de   e classe,
 Sous-Directeur,

RÉSULTAT DE LA REVISION OPÉRÉE PAR LE BUREAU DU CONTENTIEUX.	DÉCISION DU MINISTRE.
VU : *Le Chef du bureau,* *L'Adjoint au Directeur,*	

Paris. — Imprimerie L. BAUDOIN, 2, rue Christine.